Reflexiones desde la psicología

LORENA SAHAGÚN FLORES

LORENA SAHAGÚN FLORES

ISBN-13: 978-1494851583

ISBN-10: 149485158X

Diciembre 2013,

Se acaba un año, días y fechas que marca el calendario, cualquier momento es una oportunidad para crear camino, siempre en la dirección de lo que para cada uno es importante, por lo que después de un duro 2013 quiero transmitir todo el ánimo posible para continuar con un 2014 que merezca la pena.

Son muchas las personas que me han acompañado en cada una de las reflexiones que he compartido este año, por lo que no puedo agradecéroslo de mejor forma que haciendo una recopilación de todo lo escrito para que podáis leerlo cuando queráis con el fin de reflexionar, pensar, desaprender y crecer.

Gracias a todos los que cada día me hacéis pensar para poder crear, mediante mis palabras, la semilla de la reflexión en otros.

ÍNDICE

Gracias a todos los que cada día me hacéis pensar para poder crear mediante mis palabras la semilla de la reflexión en otros.

LA NEUTRALIDAD DEL NACIMIENTO ¿QUÉ LE PASA A MI AUTOESTIMA?

Nacemos sin ningún tipo de agravio comparativo que haga que nuestra autoestima se vea afectada.

Es inevitable que la vida nos dé toques de humildad ante fracasos propios, lo innecesario es asumir e inculcar fracasos en base a virtudes o éxitos ajenos. Igual que los fracasos de otros no nos harán mejores, sus éxitos no nos convertirán en alguien peor.

La neutralidad de valer por el simple hecho de existir se extingue con el curso del tiempo.

Al fin y al cabo, nacemos sin ser agentes activos de ninguna historia y precisamente eso, lo que yo haga en la vida, cada uno de mis pasos, va a crear una identidad.

La verdadera magia de la vida es ser lo que quieres ser, encontrar una coherencia entre tus actos y lo que quieres que estos digan de ti como persona, ser dueño de tus pasos, condicionados por la simple ambición de mejorar día a día, no en comparación con el prójimo.

Ese es el mayor ataque a nuestra identidad, dejar de lado la mejor versión de nosotros mismos, lo que lleva a rendirse asumiendo que nunca seremos como… o no llegaremos a… o simplemente a conformarnos, por creer haber llegado ya a ganar o ser mejor que alguien.

Si estas en ese punto o eso lo que guía tus actos, ya has perdido.

La vida tiene como objetivo crecer, no ganar. ¿Conoces a alguna planta que deje de crecer porque las demás plantas son más altas, más bonitas, o den más flores?

¿PUEDO YO CAMBIAR MI DESTINO?

El destino nunca está marcado, nunca depende de otros, y nunca es definitivo. El destino debe ser siempre decidido en primera persona.

Decide dónde quieres estar dentro de un tiempo para poder marcar una ruta. Siempre puedes cambiar de idea, de camino, de estrategia, pero nunca llegará ese destino si no te atreves a desearlo.

Considerar que el tiempo decidirá es una actitud derrotista que solo te hace caminar en círculos sobre ti mismo. Cambiará todo: tu físico o tu entorno, pero tú no dejarás de estar en el mismo sitio de siempre, queriendo formar parte de una vida que no es la que tienes.

No culpes al destino de no darte lo que mereces. La vida no es justa, al menos para el que nunca va a buscar lo que considera que merece. Ser conformista puede ser tu destino, pero solo si te encargas de que así sea.

Un día leí una frase que decía *"si el final no es bonito, solo significa que no es el final"*. Y esa es precisamente la clave. Para continuar debemos aprender de cada momento, comprender que debemos intentarlo de otro modo si de esa forma no hemos logrado lo que queremos. Cambiar de ruta o de estrategia pero nunca abandonar porque si no luchas por lo que quieres nunca lo tendrás.

Las prioridades cambian, y con ello nuestros actos y nuestras decisiones, pero siempre que estés siendo coherente con lo que buscas en ese momento. Vivir merece la pena.

Debemos buscar un para que en nuestros actos, está claro que son muchas las ocasiones en las que nos encontramos con elecciones en las que tenemos que decidir entre malo y lo peor. En ese momento solo queda aplazar el éxito y considerar qué elección ayudará a que alcance en el futuro el destino que ahora tengo en mente.

Hay que considerar, que el destino nunca debe estar atado a algo material o a otra persona que no seas simplemente tú. Es lógico tener como meta el hecho de vivir para lograr algo pero, ¿qué sucede cuando se consigue?

Debemos permitirnos ser ambiciosos y querer lograr cosas nuevas continuamente. Aun así, cuando se trata de cosas materiales, siempre ambicionamos más y como consecuencia de ello no podemos disfrutar de lo que tenemos en el presente.

La felicidad es más fácil de conseguir cuando establecemos el destino como un camino y no como una meta. ¿Qué camino quieres llevar en la vida? El destino no debe estar ligado a ser padre, tener un oficio concreto o tener amigos, sino a qué clase de padre o trabajador quiero ser o sentir que soy la persona que quiero ser. ¿Cómo alcanzar este destino? Es simple, coordina tu comportamiento con lo que quieres llegar a ser, y antes de lo que piensas ya serás una persona con la que te sientes cómodo.

No hay nada más difícil que vivir sin estar orgulloso de lo que eres. Si te encuentras en este punto en cualquier ámbito de tu vida, coge las riendas del destino y cámbialo. Es simple pero solo hay que hacerlo ya que puestos a sentir ese malestar que sea a cambio de acercarme a algo que realmente me importa.

Son muchas las cosas que no están bajo nuestras decisiones: nacionalidad, sexo, raza, enfermedades determinadas por nuestra genética, familia, cultura, orientación sexual o miedos. Pero siempre podemos elegir como vivir con todo ello. Nos condiciona pero no nos determina. Siempre tenemos algo que aportar al destino con nuestra forma de afrontar las circunstancias.

Nunca justifiques la resignación, acepta las barreras y continúa tu viaje.

¿DÓNDE ESTA LA DIGNIDAD?

Como casi todo, es imposible aislar este concepto de la cultura que rodea a todo aquel que quiere poseer esa cualidad.

La reflexión principal está en si es necesario cambiar primero la cultura o empezar a actuar de una forma supuestamente indigna en cuanto a lo que tiene que ver con lo establecido culturalmente para empezar a hacerlo en base a lo que cada uno considera que debería ser.

DISFRUTA DEL SEXO GRACIAS AL MINDFULNESS

El mindfulness está presente en cualquier ámbito de nuestra vida y por lo tanto, también en el ámbito sexual y en los problemas que nos encontramos en pareja.

Debemos ser conscientes de que a la hora de mantener una relación sexual, más allá de lo idílico que vemos en las escenas románticas de las películas, nos encontramos con dificultades que nos condicionan, como son la propia influencia de las películas, que crean expectativas que pueden suponer unas "metas" u "obligaciones" que nos alejan del momento presente.

Contamos con otros estresores inculcados de forma cultural que nos acompañan en la cama, como puede ser el machismo, influyéndonos de forma inconsciente y "exigiendo" a los hombres ciertos comportamientos y a las mujeres otros.

En el caso de las mujeres, son varios los factores que hacen que nuestra mente se aleje del "aquí y el ahora", de la atención plena a las sensaciones del momento. Pueden ser diferentes complejos que nos enganchan mentalmente los que nos hagan experimentar otro tipo de preocupaciones relacionadas con lo que la otra persona este pensando.

En cuanto a la mente de los hombres, por lo general más entrenados en el arte de ocuparse que de preocuparse, hay menos problemas, debido a la práctica de mindfulness sin ni siquiera ser conscientes de que dominan la técnica. Aunque en el momento que algo consigue desencadenar en ellos un condicionamiento, normalmente relacionado con un fracaso anterior, o con la ansiedad de sentirse obligados a "cumplir", también dejan que su mente se enganche a este tipo de sensaciones que acaban siendo las verdaderas protagonistas de las relaciones sexuales.

Cuando esto sucede, lejos de superarse rápidamente, hace que cada vez el problema sea mayor y se generalice. De esta manera, la próxima vez que se encuentren en esa situación se darán cuenta de que su mente vuelve a recordarles aquel fracaso, propiciando uno más.

Para muchas personas es frustrante descubrir que a solas no presentan ningún problema para llegar al orgasmo. Esto es un claro indicador de que la clave de muchos de los problemas sexuales en pareja son debidos a la escasez de atención al momento presente. Si los problemas suceden en todas las circunstancias, lo más probable es que se deba a alguna causa orgánica por lo que debemos solicitar ayuda a un médico.

La actitud de las personas al masturbarse a solas sin ningún estresor que los condicione es un claro ejemplo de la práctica de mindfulness ya que la mente también oscila en diferentes pensamientos. Puede llevarte al pasado o al futuro, a tus complejos o prejuicios, pero decides volver experimentando las sensaciones físicas que están sucediendo aquí y ahora, y esa actitud es la que te lleva a culminar el acto sexual.

De todas formas y como he señalado antes, ante cualquier problema persistente es recomendable acudir al médico para descartar cualquier problema fisiológico que justificase lo que sucede.

Normalmente los seres humanos funcionamos por condicionamiento, lo que significa que ante un determinado estímulo reaccionamos en base a nuestra experiencia pasada, independientemente de cuál fuera el motivo que hizo que empezase a haber problemas. Todo ello implica que la mente se fusione o enganche pensamientos que nos predisponen a focalizar la atención en la incontrolabilidad de los fluidos sexuales, la dificultad para mantener la erección, llegar al orgasmo, prejuicios, complejos, etc.

En caso de que percibas que esto funciona así, te recomiendo centrar la atención de nuevo en las sensaciones que estén sucediendo en ese momento. Supone mucho entrenamiento poder elegir donde focalizar la atención ya que la mente suele tener el poder de arrástranos hacia otros pensamientos, enganchándonos sin dejarnos vivir el momento actual.

Para lograr focalizar la atención en las sensaciones físicas se requiere mucho entrenamiento pero es un trabajo simple. Hay que centrar la1 atención en cualquier otra sensación que estés percibiendo en el momento en el que está sucediendo.

Son muchos los consejos que podemos encontrar que nos llevan a experimentar con los cinco sentidos. Todo lo que nos pueda ayudar a retomar la atención en lo que está sucediendo es una buena alternativa: música, velas, geles que provocan diferentes sensaciones térmicas, chocolate, etc. Y ante todo, vivir cada momento sin juzgar, cada caricia sin mayor fin que disfrutarla mientras dure. Simplemente el deleite de todas las sensaciones que cada momento aporta, encontrándote con el orgasmo como un regalo inesperado.

Si te identificas con lo anterior, mi consejo es que empieces a observar cómo reacciona tu cuerpo ante esa situación, dónde se va tu mente y si eres capaz de centrarte de nuevo. También puedes entrenar en situaciones cotidianas para tener cada vez mayor control a la hora de focalizar la atención cuando lo necesites.

Funcionamos de la misma forma independientemente de nuestro sexo, la mente va a pensar en otras cosas en cualquier momento. Es totalmente normal y se debe a que somos sujetos con lenguaje. La estrategia consiste en tener el control de volver cuanto antes a lo que está sucediendo. Por ejemplo, en la ducha, mientras comemos, bebemos, etc.

He intentado resumirte y darte algunas pautas de una técnica que resulta bastante efectiva para el trabajo del distanciamiento con los eventos privados (pensamientos o sentimientos). A partir de aquí todo es experimentar y poner en práctica las estrategias de las que puedes encontrar más información en internet.

La técnica se denomina mindfulness, o aplicado a las relaciones sexuales Mindful Sex.

EDUCAR... ESA DIFÍCIL TAREA

Educar resulta complicado. Nadie dijo que fuese fácil, pero tampoco tan difícil, ¿qué es lo que no funciona?

Esa es la clave, algo no funciona y debemos descubrir que es. Trato de dar lo mejor a mis hijos y, lejos de lograr que cada vez se porten mejor, consigo el efecto contrario. La respuesta es tan simple y obvia que la dejamos pasar por alto, si lo que haces no funciona CAMBIA.

La infancia es una etapa muy interesante para poder ayudar a nuestros hijos a ser unos adultos con una vida que les merezca la pena. Ten en cuenta que es inevitable que no encuentren obstáculos en su camino por mucho que lo deseemos. Solo hace falta mirarse a sí mismo ya que el simple hecho de ser padre implica miedos, obligaciones, responsabilidades y preocupaciones. Y aun así merece la pena: esta es la mayor lección que podemos transmitir a nuestros hijos.

Hay que tener en cuenta que solo podremos manejar su entorno en sus primeros años de vida. Puedes optar por eliminar todas sus piedras y colmarle de lo que tú nunca tuviste o puedes aprovechar esta gran oportunidad para enseñarle. No siempre van a tener lo que quieran, van a sentir frustración cuando algo no les salga bien y sentirse mal no debe significar que se rindan. De esta forma, cuando sean adultos habrás conseguido que cada vez que se caigan (cuando tú ya no tengas la varita mágica que suponía dar un huevo kínder para cambiar su estado de ánimo) sepan la lección que funciona en la vida: levantarse y continuar.

EL ATRAPADEDOS

Es instrumento de fin absurdo, aquel aparejo que a simple vista parece servir únicamente para distraer, se convierte ante mis ojos en toda una metáfora…

María acude a mi sesión para tratar de resolver sus problemas con el estrés. Ella, que ante los ojos de la sociedad representa todo lo que queremos ser, se encuentra entrando en el despacho de una psicóloga. Cruza el umbral, ya está aquí, – por fin tomo las riendas de la situación- se dijo a sí misma, mientras nota como aumentan sus pulsaciones y cae sobre sus hombros con fuerza esa sensación de fracaso que ronda continuamente su cabeza. Nadie sabe que está aquí y en el fondo teme encontrarse con alguna otra mujer que la conozca. Ella sabe que acude para buscar el sentido real de su ajetreada vida.

Sara lleva tiempo esperando, cree que la puntualidad es clave para dar buena imagen y ya son las 17:02 por lo que todas las mujeres que entren por la puerta a partir de ese momento están "condenadas" a darle una primera mala impresión. Menos mal que Aisha ha llegado antes de tiempo.

Está sentada a su lado con una sonrisa pero ese velo, ¿qué hará esta mujer aquí? Sara dedica unos minutos a darle vueltas a Aisha, su velo y su sonrisa y algo no encaja en sus esquemas... ¡ya está! Esta mujer viene a buscar asesoramiento en la asociación de inmigrantes que hay ahí mismo. Posiblemente el centro disponga de una sala de espera común... es eso, nada más hay que ver la ingenuidad de su sonrisa.

-¡Hola!

Alguien interrumpe su cadena de pensamientos sobre Aisha y su coincidencia en ese mismo lugar a esa misma hora.

-¡Buenas tardes! -responde de forma automática, mientras observa como Antonia entra por la puerta y se sienta junto a Aisha, que la sonríe con complicidad. Eso la devuelve a su cadena de pensamientos... ¿se conocen? ¿De qué? No parecen tener nada en común.

Fuera sigue María mientras espera. Siempre es mejor caminar o hacer algo, que no hacer nada mientras se espera, y de repente se da cuenta de que en la esquina del fondo hay una mujer de pie, seria y sola. ¿La pregunto si viene a las sesiones? Bueno seguro que sí que viene a eso, ¿Qué va a hacer aquí sino?

La desesperación de Sara aumentaba por segundos cuando las mandaron entrar en la sala de grupos. Primero lo hizo Aisha, tomando asiento en la primera silla, al lado de Antonia. Sara sin entender nada tomó el siguiente asiento, en el que apenas había sitio para ella y sus dudas.

Pasaron unos cuantos segundos antes de que María entrase y por último lo hizo Laura, en silencio y cabizbaja.

Todavía sobraba un asiento. Sara estaba convencida de que su ocupante la asombraría nada más entrar y así sucedió. Lo ocupo Irene, que se disculpó por llegar tarde. Abrió y cerró dos veces la puerta y después se sentó.

¿Dónde me he metido? Esto ni es serio ni es nada. Según daba comienzo la sesión, empezó a avanzar el ferrocarril de juicios mentales de Sara.

-Como podéis observar somos un grupo muy heterogéneo y reducido, en el que lo único que tenemos en común es pertenecer todas al género femenino, con un interés común por crecer personalmente para mejorar nuestra vida.

Eso acabó de descolocar a Sara, ¿qué podían aportar esas mujeres a su vida? Definitivamente se disculpó y se despidió hasta la próxima sesión a la que por supuesto no iba a acudir.

Aisha cogió el "atrapadedos", tenía mucha curiosidad por esa trampa china. Le interesaba aprender cosas nuevas, así que no dudo en ser la primera en levantarse para cogerlo. Siguió las instrucciones, metió el dedo índice de la mano derecha por un extremo y el de la mano izquierda por el otro. Los introdujo con facilidad y después tiró para sacarlos. Se rio a carcajadas.

-Ahora entiendo el nombre, menuda obviedad ¡he caído en la trampa! ¿Cómo los saco de aquí?

-Solo se trata de experimentar la sensación de estar atrapado, de tratar de librarme de algo usando una estrategia que aunque lógica, me atrapa aún más. ¿Puedes identificar esta sensación con alguna experiencia propia Aisha?

La sonrisa de Aisha desapareció, dejo espacio a la confusión, a la ¡certeza!

-Me siento como cuando trato de estar segura para comenzar una relación de pareja y no lo logro. Me frustro y huyo del compromiso. Y con tristeza dijo: "mi atrapadedos es el miedo a no encontrar al hombre adecuado, no quiero perder el tiempo, quiero encontrar a una pareja en la que confiar, eso es… no soy capaz de enamorarme, no me lo me permito… me da tanto miedo ser vulnerable".

- ¿Cómo te sientes Aisha?

- ¡¡¡Frustrada!!!

Pasó un tiempo hasta que Aisha le pasó el atrapadedos a Antonia, que antes de introducir los dedos tenía claro cuál era la trampa de su vida:

-Se llama fibromialgia -comentó mientras introducía los dedos. Tengo la sensación de haber pasado mucho tiempo enganchada a esta trampa mientras mi vida se pasa, siempre creí que me atrapaba la casa, las obligaciones, los niños, pero ahora lo tengo claro: nunca he estado realmente atrapada. Siempre he justificado no luchar por mis metas y creo que ha llegado el momento de avanzar con el atrapadedos. No puedo librarme de estos dolores pero puedo ir con ellos al cine o a cenar. Soy yo la que decide dónde va y no esté atrapadedos o mi fibromialgia.

Irene observaba atentamente, se levantó, fue hacia la puerta, salió y volvió a entrar. Todas miraron con admiración, era la primera vez que no lo hacía dos veces.

- ¡¡¡Lo he hecho!!! -dijo, Antonia -Tú no puedes librarte de tus dolores, yo no puedo liberarme de esta ansiedad, de este sensación que me genera no hacer los rituales, y es exactamente esta sensación (metió los dedos y empezó a tirar con fuerza). Cada vez necesito más rituales para sentirme segura, continúo y no lo logro del todo, no hay manera… así que… ¡¡voy a vivir con esa ansiedad!! Ella no controlará mi vida, si quiere que venga hasta que se canse pero a partir de hoy ¡mando yo!-dijo.

Saco el atrapadedos, se lo dio a Laura y dijo: -¡¡¡ánimo Laura!!!, me encantaría poder ayudarte, hasta ahora no lograba entender porque aguantabas tanto, porque permitías que él te tratase así, porque no huías… pero ahora sé que eres la más valiente. Has venido con tu problema a cuestas, sigues cada día, vives con el miedo a que tu ex-marido te encuentre y te mate y la única diferencia está en que tomaste las riendas de tu vida sin esperar a que desapareciese el miedo.

Laura comenzó a llorar, no sabía cómo explicar sus sentimientos. No era tristeza, era liberación. Sentía que todas esas mujeres no eran tan diferentes a ella

-Durante mucho tiempo me quede anclada al miedo sin "sacar los pies del tiesto" para que él no se enfadara cuando él se enfadaría de todos modos, así que elegí estar lejos de él pese al miedo.

Solo quedaba María. Ninguna tenía claro si había algo que la atrapase. Se dedicaba a lo que quería, estaba satisfecha con su marido y siempre iba de punta en blanco. Daba gusto verla. Fue paradójico para sus compañeras descubrir que ésta era la trampa.

-Necesitaba toda esa mascara para no sentirme tan insegura y aun así siempre estoy dudando si habré elegido el vestido adecuado o la palabra adecuada. Aisha, mis silencios no se deben a que sea prudente, estoy en silencio por miedo a meter la pata. me atrapa el miedo al ridículo, a no ser lo suficientemente buena.

-¿Quién manda en tu vida María?

-Tristemente he de reconocer que hasta ahora mi inseguridad.

-¿Tú también tienes miedos María?

-¡Si, los tengo, pero a partir de ahora las decisiones sobre mi vida las tomaré yo y no el miedo!

Hacía dos meses que se conocían. Nadie pensó que llegarían a sentirse identificadas y hoy están sintiendo que siguen siendo un grupo heterogéneo, con problemas que poco o nada tienen en común. Conocerse mereció la pena: todas han comprobado que en la vida hay cosas que las atrapan y que pueden elegir si continuar caminando o seguir luchando con trampas que nunca han podido controlar. Ellas, al menos, pudieron atraparse los dedos. Sara ni si quiera se permitió experimentar. Su inflexibilidad le ganó la batalla.

EL PERDÓN: PARA QUÉ SIRVE, QUÉ UTILIDAD TIENE Y CÓMO CONSEGUIRLO

El perdón implica soltar dolor. Si algo nos ha dolido mucho se debe a que la persona que lo realizó nos importa o a que el hecho en sí ha removido principios rígidos que hacen que se tambaleen.

Son muchas las ocasiones en las que oímos decir "no te permito que digas o hagas según qué cosas", como si el hecho de no estar dispuestos a que sucedan evitara que lleguen a tener lugar. Esto es curioso porque además esta frase suele emplearse una vez que ya ha sucedido el agravio.

El perdón es útil. Nunca debe ser entendido como una acto de vulnerabilidad ante el otro sino de flexibilidad conmigo mismo, mis emociones y prioridades, ya que el rencor nos ancla en el pasado, no nos permite avanzar y nos engancha al dolor con tal fuerza que en base a él dejamos que la vida pase sin formar parte de ella.

Algunas personas se enganchan a ese malestar que les provoca el recuerdo de lo sucedido para no volver a implicarse emocionalmente con otras personas, como si ese escudo pudiese servir de algo bueno. Sin embargo, esa defensa supone una losa entre él y sus oportunidades. De optar por esta opción te quedas solo con tu rencor y tu dolor ajeno al mundo y a todo lo agradable que hay en él.

Cuando me encuentro ante personas que presentan esta problemática, viene a mi mente la imagen de un albañil construyendo un muro, poniendo ladrillo tras ladrillo de forma automática cada vez que se plantea ante él la oportunidad de conocer a alguien que consideran puede tener la capacidad de volver a hacerles daño. Se convierten en expertos en el arte de poner ladrillos, tanto que construyen pared sobre pared, convirtiendo su "círculo de confort" cada vez más pequeño, angustioso y solitario.

Lástima el esfuerzo, lástima su efectividad. Tanta lucha por evitar sufrimiento y todo en vano, ya que esa pared nunca logrará que las emociones dejen de estar dentro. De hecho, la sensación que da es que las atrapa haciendo que se concentren dentro en una espiral de angustia que me aleja del presente y con ello de un futuro mejor. El pasado es lo que cuenta y la tristeza impera.

Dejando al margen las consecuencias de vivir en base al dolor, retomemos de nuevo el perdón. Un error muy habitual es asumir que el hecho de que algo me suponga dolor hace que la persona responsable de eso (o culpable a nuestro criterio) siga purgando su culpa mientras yo recuerde que me hizo daño. Refranes para esto encontramos también en nuestra cultura popular: "perdono pero no olvido"

CLAVES PARA PERDONAR

¿De dónde procede el dolor?

- De lo importante que es para mí esa persona.

- De lo que esa persona ha hecho.

- De la contraposición entre lo que realmente ha sucedido, con lo que a mí me gustaría que hubiese sucedido.

Solamente tenemos en nuestras manos el presente para actuar, por ello está bien plantearnos estas cuestiones para con ellas comprender de dónde surge tanta tristeza, para posteriormente optar por el camino practico, luchar por mis propios intereses, dejando de poner ladrillos que se interpongan entre lo que quiero conseguir y lo que tengo ahora.

Perdonar implica actuar en base a lo que queremos lograr para nosotros y no en base a lo que otro nos hizo u otro debe sentir. Si esto fuese fácil ni siquiera sería necesario que estuvieses leyendo este capítulo, por eso se trata de priorizar qué es lo que quiero fomentar con cada uno de mis actos. Todo para poder actuar independientemente de cómo me siento ahora, siendo valiente para continuar.

Si la vida y el tiempo siguen su curso, que seas tú quien dirige el rumbo.

EL PODER DE LAS PALABRAS

Imaginemos una balsa de agua que está en perfecta quietud. Nos permite ver en su reflejo las cosas que están ahí y ahora en ese mismo momento tal cual son: la realidad.

Nosotros podemos influir en la realidad: podemos lanzar piedras contra el agua, creando ondas que hacen que el reflejo de la realidad acabe viéndose de forma diferente. Podemos decidir cuántas piedras lanzar y cuando parar de revolver estas aguas. Esto mismo es lo que hacemos cuando pretendemos generar emociones en los otros.

Durante la conquista tratamos de enamorar a la otra persona "tirando los tejos", expresión muy apropiada dentro de esta metáfora. Es por ello que debemos ser conscientes del poder de nuestra conducta, de nuestra actitud, de nuestro lenguaje y por su puesto de nuestras palabras ya que todo esto funciona como cantos que decidimos lanzar a la laguna emocional de la persona que está frente a nosotros.

No puedo controlar lo que la otra persona sienta pero puedo dejar de lanzar ciertas piedras o cambiarlas por otras a medida que observo que mi objetivo no está generando las "ondas" que yo estaba buscando.

Valora también la importancia que esto tiene a largo plazo, ya que las piedras lanzadas no desaparecen, siempre acaban en el fondo generando de forma automática una concepción a esa persona respecto a ti para el futuro.

ENSEÑAME A PENSAR

Piensa en cualquier persona a la que admires, que consideras inteligente. Ahora pregúntate si es porque sabe muchas cosas o es por su capacidad de relacionar ideas, crearlas, adaptarse a los cambios y a las circunstancias. Como todo en la vida no debemos atribuir más importancia a la herramienta que a su utilidad.

El mayor favor que le podemos hacer a los demás es enseñarles a pensar. Un profesor o cualquier persona, aunque no se dedique a la enseñanza, debería plantearse cuál es el objetivo de lo que quiere transmitir a las personas con las que se relaciona. ¿Es relevante tener un maletín lleno de herramientas si jamás te enseñaron a poner un clavo? ¿Y si no sabes para que sirve cada cosa que hay dentro del maletín? Lo importante es comprender su uso, saber para qué sirve cada herramienta, qué puedo hacer con ella.

Esta semilla que podemos plantar en los demás al transmitir la utilidad de algo sirve como germen para permitir que cada uno cree más usos a partir de ese, usos quien se lo enseñes se le hubiesen ocurrido.

Este engranaje de ideas llega a un sinfín de conexiones, tantas que no necesitamos ni siquiera saber cómo funcionan, ni que existen. Simplemente nos queda disfrutar de cada *"insight"*, que llega para plantearme una posible solución ante el problema que ahora mismo tengo que resolver.

No hay mayor satisfacción para un profesor que un alumno le supere.

¿ES ESE TU DESTINO?

Es más fácil caminar pese a la tristeza que esperar a que esta desaparezca para seguir el camino. La única forma de crear tu destino es formar parte de él.

Pararse también es una decisión, son muchas las veces en las que nos paramos a determinar si una opción u otra es la más adecuada, eso está bien, reflexiona sobre qué prefieres hacer, pero quédate con lo que más provabilice que alcances tus sueños. Ello no tiene que implicar que sea la opción más fácil, en muchos momentos puede ser la más dolorosa o la que menos te apetezca, pero puestos a pasar un "ratito malo", que sea por algo que realmente sea importante para ti y no por buscar una comodidad que como dice la canción, solo se trata de un "infierno sostenido".

No es necesario estar seguro de que es la opción correcta para tomarla, simplemente de que en ese momento es la que consideras más apropiada. Después debemos ser lo suficientemente flexibles para ir determinando cuando ha llegado la hora de bajar, subir o cambiar de tren.

Quedarse en la estación mirando cómo pasan las oportunidades es una decisión en sí misma, posiblemente la que más a mano pilla, la que menos riesgos parece que hace correr.

Precisamente esa alternativa es la que te lleva a ver la vida pasar como un mero espectador.

¿Es ese tu destino?.

ETIQUETAR LA ADICCIÓN ¿COMIENZO DEL TRATAMIENTO?

Son muchas las ocasiones en las que hemos oído mencionar que el primer paso para poder superar una adicción es reconocer que se tiene un problema. Otra de las concepciones admitidas socialmente es considerar al adicto un enfermo.

La palabra enfermedad cumple una función importante para el adicto y su entorno. En un principio reduce el malestar, hace que el nivel de culpabilidad que se siente por haber "caído" en ese problema no sea tan grande, sirve de chivo expiatorio para lanzar nuestro sentimiento de culpa, cumpliendo una función similar para los familiares, que evidentemente no quieren atribuir toda la responsabilidad de sus preocupaciones y disgustos al adicto.

Ante esto, me pregunto si este primer paso, que puede servir como "tirita", es útil por sí mismo o solo cumple eso, una función de "tirita" que a largo plazo puede convertirse en una más de las excusas que permiten al adicto justificar su comportamiento, sumiéndolo de nuevo en el bucle de la adicción. Total, soy un drogadicto, ¿qué le voy a hacer?

Al fin y al cabo, es una obviedad que toda persona que consume drogas, legales o ilegales, o realiza conductas de forma impulsiva con el fin de sentirse mejor a corto plazo, tiene motivos de sobra poderosos para hacerlo, partiendo de la idea de que nadie se sume en un "pozo" de autodestrucción de forma voluntaria.

¿Es quizás esta involuntariedad la que nos hace emplear de una forma coherente el concepto "enfermedad"? ¿Es esto suficiente? o ¿para qué algo pueda considerarse enfermedad necesita cumplir más criterios como la carencia de voluntariedad por parte del paciente para su curación?

Nadie puede curarse de un tumor por cambiar su comportamiento, ni superar una simple gripe por decidir no querer tener problemas con los mocos. Cierto es que una adicción puede acarrear muchas enfermedades, pero al fin y al cabo ajenas a nuestra voluntad, tanto que surjan como que remitan.

Por eso me gustaría utilizar este espacio para abrir paso a la reflexión sobre la función que cumple para nosotros etiquetar las adicciones. Cierto es que reconocer la adicción es el primer paso para la rehabilitación pero no solo dar nombre a lo que nos sucede, sino la asunción de responsabilidad de mis actos ante dicho problema.

Limitarnos simplemente a etiquetar, puede ser un argumento más para justificar el consumo, argumento similar al de "yo soy así" al que se aferran las personas que no están dispuestas a cambiar. La rehabilitación requiere un cambio, y no hay cambio sin adueñarnos de nuestros actos.

Quizás lo que hay que aceptar no es la etiqueta, sino la tristeza, la ansiedad u otras sensaciones desagradables que desencadenan el consumo.

¿Es esto una utopía o la única forma real de ganar la batalla a la adicción?

SON LAS *AHORA* EN PUNTO... GOTITAS DE FELICIDAD

Cuando hablo con personas que entienden la felicidad como algo material, concreto, constante y estable hace que aparezca en mi mente la imagen de alguien mirando un balde bajo un grifo que gotea, esperando que por contemplarlo se llene de agua de forma inmediata, sin asumir que su felicidad desaparece a la velocidad que aumenta su impaciencia.

Cada balde, cada vida se llena gota a gota. Cada minuto cuenta, cada momento decide y vivirlo implica sentir, ser consciente de cada gotita, vivirla con los cinco sentidos, permitiendo que sean las AHORA en punto.

Si miras el balde, que sea para comprobar cuánta agua hay dentro y continuar. Vivir remojados en el pasado, tampoco permite disfrutar lo inmediato. Nunca dejes que la vida pase mientras la miras, mójate, siente y disfruta cada gotita de felicidad.

No sabemos cuándo se cerrara el grifo de nuestro tiempo, por lo que solo cuento con que el agua que reposa en el fondo de mi balde pasó por mí. No me importa la cantidad, ni el color, solo la sensación que me proporciono en su día y en el recuerdo.

Si mi reloj parase hoy me gustaría que quedase mi agradecimiento a todos los que hicisteis en algún momento que mi vida mereciese la pena, esa certeza reposa en mi balde y me anima a continuar viviendo cada día, dejando atrás el atardecer y la noche anterior con un balance positivo de todo lo vivido, llega un nuevo día con la ilusión de sentirme agente activo del principio de todo lo que me queda por vivir, como el Sol en cada amanecer.

LA LLAVE DE LA ASERTIVIDAD ¡SORPRENDE!

Sería interesante tener una llave que nos abriese la puerta de la asertividad de una forma sencilla y sin demasiado esfuerzo por nuestra parte. Sin embargo, esta cualidad tan valorada en la actualidad no resulta nada simple.

Ante una situación en la que otra persona manifiesta opiniones, actitudes o comportamientos que no compartimos, tendemos a actuar de dos formas para escapar del malestar que esto nos genera.

• La huida o estilo pasivo, que trata de evadir el tema o guardando silencio. Además, hay ocasiones en las que se puede manifestar que se está de acuerdo con algo que no compartimos por temor a afrontar la reacción del otro al comprobar que nuestra opinión difiere de la suya.

• El ataque o estilo agresivo, que es la reacción lógica al sentirnos atacados. Tratamos de desacreditar a la otra persona buscando que prevalezcan nuestros argumentos.

Como es obvio, ninguna de las dos nos llevaría a un consenso. En el primer caso podríamos hacer referencia a la frase "cuando dos están siempre de acuerdo es obvio que solo piensa uno" y en la segundo "no levantes la voz, mejora tu argumento".

Una vez sabemos y tenemos identificado cuál es nuestra forma más habitual de reacción ¡sorprende! No utilices ninguna de las dos estrategias anteriores, primero puedes optar por empatizar con lo que la persona opina. De esta manera, lejos de separarlo de ti, provocas un acercamiento y propicias que no adopte una actitud defensiva. Ten en cuenta que no estar de acuerdo con esa persona, no tiene nada que ver con respetar sus argumentos y entender que, desde sus vivencias, su postura es coherente.

Una vez llegado a este punto, es el momento de expresar tu opinión, de transmitir tu punto de vista, lo que piensas y lo que sientes. No olvides nunca que la llave de la asertividad está en la actitud más que en las palabras. No vas a imponer nada, no vas a convencer a nadie, únicamente vas a expresar lo que tú crees. No es una competición y no hay premio: al menos este no consiste en infravalorar los argumentos del otro.

¿Por qué nos cuesta tanto será asertivos? Como todo en la vida se mejora con el entrenamiento. En nuestras relaciones sociales solemos buscar un grupo de apoyo con ideas similares a las nuestras, reduciendo las opciones de poder practicar el estilo de comunicación asertivo. Por eso te animo a aprovechar todas las oportunidades que se te planteen para poder practicar, hablando y relacionándote con personas que no opinan del mismo modo que tú.

LA VIDA ES ALGO SIMPLE

El otro día subiendo una escalera mecánica pensé que "la vida acaba siendo algo tan simple como esto".

Los escalones no paran. Siguen subiendo contigo y no hay necesidad de que hagas absolutamente nada. La vida es una escalera que no nos lleva a ningún sitio, que solo sube y en la que tú decides qué hacer en cada escalón. No puedes dejar ciertas cosas para cuando seas más joven porque nunca volverás a ser más joven. Aunque nos empeñemos en bajar unos escalones, la escalera sigue su curso como la vida y como el tiempo.

Puedes quedarte quieto que la vida pasará, y con ella los años y tu perspectiva. Da igual que no hagas absolutamente nada, el tiempo por sí solo tiene la capacidad de cambiar nuestro entorno, nuestra vida y nuestras circunstancias.

Solo nos queda decidir qué hacer mientras, decidir que cuando la escalera pare, todo lo que se ve desde ahí, todo lo que he subido, lo he hecho como parte activa o pasiva de mi propia vida.

MERECE LA PENA

Merece la pena dedicar un capitulo a algo tan necesario para adaptarnos a la sociedad en la que nos toca vivir, incluso a la propia vida, vivamos donde vivamos con independencia de tiempo, lugar o circunstancia.

¿Quién dijo que para tener una vida plena necesitamos ser felices siempre? Es más, ¿es posible ser feliz sin sufrir? Parece una contradicción en sí misma debemos ser prácticos.

Es imposible no sufrir ante una pérdida de algo o alguien querido, de hecho, suele ser proporcional nuestro sufrimiento a lo importante que era en nuestra vida. Por eso me pregunto, ¿no merece la pena?.

Yo elijo sufrir ante la pérdida, por ello vivo cada momento y lo disfruto, sabiendo que a medida que pasa el tiempo y más lazos uno, mayores son las oportunidades de sufrimiento a las que me expongo.

Funciona como dos caras de una moneda, tú decides si quieres las dos o ninguna pero ellas siempre van unidas. Ese es el verdadero valor de una vida plena: el mayor número de "monedas" que decides incluir en tu vida, con su cara de bienestar y de malestar.

MINDFULNESS Y CONDUCCIÓN

Uno de los principales problemas que encontramos en la conducción es la dificultad a la hora de mantener una atención sostenida.

El mindfulness o atención plena es una capacidad básica del ser humano, eficaz en todos los ámbitos de la vida diaria y útil ante el volante, hasta el punto de permitirnos salvar muchas situaciones que pueden acabar de forma trágica.

El lenguaje hace que nuestra mente se vaya con pensamientos que nos alejan del momento presente, y con ellos nuestra atención. Esto es lógico, no podemos hacer nada para dejar la mente en blanco, lo único que podemos hacer es volver a prestar atención al momento presente en cuanto tome conciencia de que mi mente no está aquí y ahora, para de este modo poder retomar el pleno control de la conducción.

Antes de leer este capítulo ya has practicado mindfulness sin necesidad de saberlo, se trata de focalizar mi atención en lo que estoy haciendo y cuanto más sentidos emplee más centrado estoy.

Recuerda cuando empezaste a conducir o cuando lo haces por un lugar desconocido. ¿No estás más atento? Todo ello se debe a que empleas de nuevo la mente de principiante. Si no entrenamos esa actitud atencional podemos adquirir una confianza que puede ser mortal al volante.

Te propongo prestar atención a tu mente la próxima vez que conduzcas. Notarás como cualquier estimulo (la radio, una canción o una conversación) puede desencadenar una serie de pensamientos en los que te sumerges durante un rato. Cuando seas consciente de que estás desconcentrado, vuelve a centrarte y comienza por mirar la velocidad a la que vas. Posiblemente sea mayor de la que esperas, este es otro efecto más de no hacer mindfulness mientras conduces.

Ten en cuenta que para mantener la velocidad debemos prestar atención a nuestro pie sobre el acelerador. En el momento en el que llevamos nuestra mente lejos de eso el cuerpo se relaja y lo lógico es que el pie descienda al no focalizar ninguna atención en la tensión muscular que necesitamos para mantenerlo en la misma posición.

Son muchos los riesgos que ya conocemos al volante y que debemos respetar. En cuanto a la atención, nadie puede multarnos, pero supone uno de los factores que se une a casi todos los siniestros. Queda en nuestra conciencia ser responsables de nuestros actos.

Solo controlamos lo que podemos hacer antes de que tenga lugar el accidente. Una vez producido las consecuencias siempre son impredecibles.

PARA QUE AL FINAL MEREZCA LA PENA

Cada uno de nuestros actos está centrado en un propósito. Son muchas las ocasiones que se deben a un porqué, a justificar una emoción, como si la reacción supusiera una consecuencia inmediata.

Esta forma de actuar está basada al sentido común. Lógico por otra parte ya que estamos acostumbrados a responde siempre las mismas preguntas. ¿Por qué haces eso?

Sin embargo, ¿es útil basar lo único que controlo (mi presente), en algo que ya no está bajo mi control (el pasado)? Por lo general nuestra reacción supone una forma de desahogo, de desprendernos de lo que nos duele, de evitar seguir sintiéndonos mal.

Pero basémonos en la experiencia común ¿a ti te funciona? Es curioso que pretendemos eliminar las emociones del pasado haciendo que condicionen lo que hacemos en el presente, enganchándonos de nuevo a lo que sucedió y ya no está aquí, pero duele, sumiéndonos en un bucle del que difícilmente saldremos si no cambiamos nuestro patrón de respuestas.

Es cierto que el futuro no está bajo nuestro control pero podemos interferir en que suceda lo que queremos. No nos asegurara el éxito pero al menos nos hace avanzar en nuestro camino.

Estoy en este punto de mi vida, independientemente de lo que tenga ganas de hacer debido a cómo me siento. Porque no plantearme ¿para qué actuar así?, ¿es útil?, ¿hace que me acerque a algo importante para mí?, ¿qué consigo haciendo esto?

Es lógico actuar en base a nuestras reacciones, pero el mundo se cambia actuando y para ello debemos basarnos nuestros actos y en proyectos de futuro para que al final, merezca la pena.

"PARA QUÉ NADA NOS SEPARE, QUE NADA NOS UNA..." PABLO NERUDA

Lo único que poseen dos personas es la relación que han decidido establecer mutuamente, ya sea de amistad, sentimental, laboral o de cualquier tipo.

En muchas ocasiones los lazos son tan fuertes que nos permiten arriesgar a poseer cosas materiales de forma común: negocios, contratos matrimoniales o hipotecas que se establecen como un nexo de unión más. Esto en un principio aporta una seguridad ante la unión con el otro.

La clave está en no usar nunca esa seguridad para dejar de cuidar la base, el cimiento de esa posesión, que son las ganas de que la unión continúe. Lo único que os debe mantener juntos es las ganas de que así sea.

Nada fortalece tanto una relación cómo la certeza de que es frágil, sino plantéate como cuidabas esa relación cuando no te sentías seguro de que perdurase.

Es triste comprobar como aquello que suponía el culmen de la confianza como para emprender juntos un proyecto, ya sea material, empresarial, o de vida, deja al margen la esencia de ese contrato.

No olvides que lo que te mantiene al lado de tu pareja no deben ser los hijos ni nada posterior a lo que un día hizo que dieseis ese paso.

Si te encuentras en ese punto, retoma la raíz, cuida tu relación, ya que esto es lo que perdura, lo que se fortalece y lo que previene que vuestra vida siga más allá de la etapa en la que se encuentre vuestra familia, superando con facilidad síndromes como el del nido vacío. Cada momento puede suponer una oportunidad para cuidar vuestra "pequeña posesión", las ganas de continuar juntos porque merece la pena hoy. No vivas de recuerdos o esperanzas, vive cada momento.

Lo importante no es que seas mío, sino conmigo. Las relaciones nunca deben ser una obligatoriedad, valora la libertad que te llevó a esa unión. No confundas esto con posesión. En el momento que se posee algo, que se cree que es irrompible, dejamos de cuidarlo y es este el declive de la unión.

Es un error tratar de solventar esta carencia con más uniones, como la de tener hijos en común ante una crisis. No ates más nudos, limítate a fortalecer el que un día hizo que todo comenzase.

Cuida lo que quieres incluso después de tenerlo, las relaciones emocionales no son un bien material, solo perduran si tú haces que así sea.

QUE QUEDE EN TU CONCIENCIA

Esta frase que tantas veces hemos oído, solo suple el autoconsuelo.

La pronunciamos en base a lo que nosotros creemos que el otro debería sentir por haber actuado de una determinada manera y siempre teniendo en cuenta cómo creemos que nosotros nos sentiríamos de haber actuado así.

No asumimos que cada una actúa en base a sus propios principios. Es cierto que nadie es ajeno a lo que la sociedad nos inculca que es bueno o malo pero pese a ello la mayor parte de los sujetos se permiten pensar por sí mismos y cribar estas ideas con sus vivencias. De esta forma se crea una ética propia que quizás haga que lo que otro considera inmoral a él le parezca válido. De ahí que nuestro consuelo caiga en "saco roto", en su conciencia solo recaerá como algo coherente o en última instancia justificado en base a lo que creyó o a lo que sintió en el momento en el que actuó de esa forma.

Nunca experimentarás lo que otro desea que experimente. Cada uno se juzga así mismo en base a sus concepciones, no a las de los otros. De hecho, los que lo hacen en base a los otros posiblemente poseen una baja autoestima que hará que pocas veces se salgan de los patrones marcados en una búsqueda continua de la deseabilidad social.

¿QUIERES SER UN ESPEJO O UN CRISTAL?

Reconozco que siempre me ha llamado la atención comprobar cómo ante las quejas y la desaprobación de ciertas actitudes las personas optan por responder con una imitación. A mis ojos es absurda, ya que si entendemos como lógico responder con la misma moneda, me pregunto si no es más lógico alejarme de aquello que rechazo y no parecerme cual calca a quien me disgusta.

Como consuelo te queda el argumento "lo hizo primero" pero. ¿el hecho no es reprochable en sí mismo?, ¿no estoy actuando como una pieza más de ese engranaje que tanto me molesta?, ¿sirviendo de excusa a esa persona para continuar reaccionando en base a mi respuesta?

Hace tiempo decidí que mis actos tienen más que ver con lo que yo quiero ser que lo que considero que los demás merecen. No puedo evitar que me afecte ni controlar la conducta de otros pero sí puedo salir de ese mecanismo de "ojo por ojo" y "diente por diente" que me sume en una versión de mi misma que se parecería mucho a personas que no me gusta utilizar como referente.

¿Tu actúas o reaccionas? Siempre puedes decidir ser cristal en lugar de un espejo condicionado siempre a devolver la imagen que se presenta frente a él.

RESPONSABILIDAD

¿Recordáis cuando la culpa de nuestro tropezón la tenía el suelo?, ¿cuando la pared con la que nos habíamos chocado cargaba con la culpa de nuestra torpeza asumiendo silenciosamente el reproche de "pared mala"?

Son muchas las ocasiones en las que nos descubrimos repitiendo patrones sin cuestionarnos realmente cuál es su finalidad o cuáles serán sus consecuencias a lo largo del tiempo.

Pues bien, detengámonos por un momento. Cuando un niño cae ante nosotros y se siente mal tendemos a buscar su rápido consuelo. O quizás lo que buscamos sea... el nuestro. A nadie le gusta ver cómo lo pasa mal un niño y recurrimos a las herramientas de la abuela.

En lugar de minimizar el hecho y ayudar a que el niño se levante sin más le instamos a culpar de su caída al suelo o a cualquier elemento inanimado que servirá como chivo expiatorio de lo sucedido. Podremos echar la culpa a la escalera pero es imposible obviar que para no volver a caer lo que debemos hacer es perfeccionar nuestra forma de subirla.

Podemos recurrir a la tranquilizadora estrategia de responsabilizar a cualquier persona u objeto de nuestro error o caída pero aceptar que independientemente de quien tenga la responsabilidad, lo único que está bajo nuestro control es aceptar lo desagradable que resulta tropezar y usar la experiencia para continuar el ascenso hacia donde yo quiera llegar.

Ni yo, ni quien lo usaba, se planteó que detrás de aquella expresión de "suelo malo" que me aliviaba, me transmitía una lección de vida restrictiva. Yo tuve la suerte de desaprender y plantearme a mí misma que para continuar y levantarnos no es necesario responsabilizar a nadie ni a nada, es más eficaz centrarme en lo que puedo hacer yo. Esto me da poder para continuar, sabiendo que la próxima vez que tropiece no perderé tiempo en buscar culpables sino en solventar el problema.

Ahora, cuando un niño se cae ante mis ojos, recuerdo lo que me decían a mí.. Controlo el impulso de echar la culpa al suelo y me limito a decir ¡venga, arriba!, con una sonrisa tranquilizadora porque de adulta comprendí que nunca es pronto para aprender que caerse es lógico y que lo que tiene mérito es levantarse.

SOY EGOÍSTA

La sociedad considera egoísta de una forma peyorativa a aquellos que hacen cosas con el único interés de sentirse bien.

Son muchas las ocasiones en las que me encuentro reflexionando sobre esta idea. Cuando alguien comenta que soy generosa me planteo si tienen razón o simplemente soy una egoísta encubierta. Me explico: todos hacemos algo a cambio de algo y muchas veces nos ganamos la etiqueta de "generoso" cuando lo que hay detrás es la propia satisfacción de hacer algo por alguien que para mí es importante.

No tengo demasiado claro que los apartados al grupo de "egoístas" realmente lo sean. Creo que muchas veces se dejan llevar por apetencias a corto plazo pero alejándose en muchas ocasiones de sentirse coherentes con lo que desean ser y con ello renunciando a ese "egoísmo encubierto" de hacer cosas para obtener una satisfacción personal duradera.

Supone un esfuerzo renunciar a según qué apetencias momentáneas, como dejarme llevar por la pereza y no acudir a buscar a alguien. Sin embargo, planteándose la cuestión de una forma más inteligente y priorizando los valores de mi vida, ¿quién es más importante, la pereza o esa persona? Aceptar esa pereza, esa sensación de desagrado y focalizar mis actos en convertirme en alguien con quien esa persona puede contar cuando me necesite me hace optar por el egoísmo de sentir que soy quien quiero que los demás piensen que soy.

¿Cómo te gustaría que te definiesen las personas relevantes para ti? Reflexiona sobre ello y permítete ser tan egoísta de dar pasos para lograrlo. Es tan simple como no mentir si quieres ser sincero o acudir cuando consideres que te necesiten. Si quieres que así lo sientan, saluda y sonríe si quieres ser simpático o actúa en base a cualquier otra característica que quieres que te defina.

Nadie es arquitecto sin dedicar mucho tiempo antes para conseguirlo ni logra ver ningún edificio sin empezar con una idea, con un deseo y con un simple boceto ya que necesita satisfacer las necesidades de su cliente.

Tu eres el arquitecto de tu propia vida, con la ventaja de ser también el cliente, solo tienes que decidir que características te gustaría tener como persona y crear oportunidades para lograrlo. Está permitido equivocarse, solo debes crear un nuevo boceto, no hay ningún problema en haber querido potenciar otras cualidades en el pasado.

Plantéate qué quieres siempre a partir del momento en el que te encuentres porque cambiar de opinión o de prioridades no es incoherente. La vida es un cambio constante y adaptarse es crecer. Anclarse en el "soy así" te encadena a una coherencia con unas ideas que posiblemente hace tiempo que te alejan de lo que realmente te importa en la vida.

No sigas construyendo el mismo edificio año tras año, puedes crecer y reinventarte, convirtiéndote en alguien a quién admirarías de no ser tú. Esa es la mejor crítica de uno mismo, toma distancia y decide que cualidades quieres potenciar.

Mírate en el espejo y recuerda que solo lo que hagas ahora está bajo tu control. Ya no eres quien eres. El tiempo, las experiencias y tus actos han cambiado a la persona que el presente del espejo te muestra hoy.

Busca que tus actos sean coherentes con lo que quieres ser en el futuro, no con lo que fuiste en el pasado. Utiliza tu presente.

¡TODOS PODEMOS HACER ALGO!

¿QUÉ ES LA VIOLENCIA? ¿POR QUÉ SE MANTIENE?

HAGAMOS ALGO TODOS ¡YA!

La violencia de género es un problema de todos y para erradicarlo debemos ir a la raíz y ahí entramos todos.

Llevamos mucho tiempo tratando de concienciar y de ayudar a las víctimas. Es algo imprescindible pero no dejan de ser parches. El problema no se va a solucionar poniendo tiritas. No es fácil cambiar, si lo fuese ya se habría hecho. Pero es posible y solo debemos hacerlo.

Es tan simple como desaprender para educar en igualdad, tratar a las personas del mismo modo con independencia del sexo que tengan. Al fin y al cabo, lo único que está bajo nuestro control es lo que hacemos y solamente por ello debemos ser valorados.

Inculquemos a las personas que nos rodean que son importantes por las cosas que hacen, que deben lograr que los queramos por cómo nos tratan, que nadie es posesión de nadie y que el amor no implica renunciar a la libertad de pensar, actuar y decidir.

Nadie debe tener derecho a coaccionar y controlar nuestros actos y lo más triste es que se haga desde el amor. Es un error pensar que no hay amor cuando se ejerce violencia, claro que lo hay, por ello surge el miedo a la perdida de esa persona. Es ahí donde debemos incidir en lo inadmisible de las estrategias empleadas para mantener a la persona amada cerca.

Nunca debemos admitir que la unión se mantenga en base a la coacción, al miedo o el condicionamiento propio del chantaje emocional en el que esta sociedad cae en muchas ocasiones y en muchas relaciones afectivas, ya sean amorosas, familiares o de amistad.

La raíz del problema no está en el hecho en sí, sino en los motivos que hacen que parezca admisible hacerlo, como tener celos, sentir que la otra persona no me respeta o que debe regirse por normas establecidas en la desigualdad en la que la mujer debe actuar en base a unos preceptos de sumisión y "decencia". Todo ello solo sirven para encadenarnos a unos principios que lejos de hacernos felices nos sumergen en un círculo del que nosotras solas debemos salir. Aquí está la clave, en la transmisión de estas ideas, en la asunción de ellas como normales sin cuestionar nada ni molestarnos en desaprender.

Nos quejamos del machismo y yo pregunto: ¿quién mantiene el machismo?, ¿quién transmite los valores en una sociedad machista?. Evidentemente la mujer. Por ello es nuestra labor cambiar y permitir que nuestros hijos se sientan como iguales, son PERSONAS. Me da igual qué sexo, color de piel o altura tengan, todos merecen respeto y por ello debemos inculcar que respeten a los demás como sí con ellos mismos estuviesen tratando. Así se cambia el mundo, con cada uno de nuestros pequeños pasos.

Admiro profundamente a los hombres que han sido capaces de desaprender por si solos, de cuestionarse que ser un hombre no tiene porque suponer un privilegio o una atadura en cuanto a lo que el machismo les exige ya que es obvio que si las mujeres, las más afectadas por esta cultura, no se molestan en modificar nada sino que lo transmiten de generación en generación como si de algo digno de mantener se tratase. Es admirable que ellos lo modifiquen siendo en principio los grandes "beneficiados".

No estoy posicionada a favor de la mujer, tampoco al lado del hombre y me duele tener que clarificar algo así pero aún hay que hacerlo. Estoy posicionada a favor de la libertad del ser humano y pienso poner mi granito de arena día a día para que mis nietos y nietas no tengan que actuar en base a ningún patrón cultural basado en el sexo con el que nacieron.

Así se erradicara la violencia de género. Cuando asumamos que el amor no implica posesión y cuando dejemos de ver romanticismo en candados que representan. ¿Amor o… atadura?

Igual soy una ilusa pero confío en que las personas que me quieren, me han querido y me querrán, lo hagan siempre desde la libertad de alejarse de mí cuando deje de compensarles. Quizás por ello trato de cuidar día a día a aquellos que no quiero que se marchen, para que sigan conmigo por lo que nos aportamos y no por un compromiso que firmamos hace tiempo, compromiso que tranquiliza y da seguridad hasta el punto de servir como excusa para dejar de cuidar nuestro afecto.

Al fin y al cabo una vez cerrado el candado de la puerta no parece que exista la necesidad de convencer a nadie para que continúe dentro. Yo cierro con llave lo material pero siempre encontraréis la puerta abierta en cuanto a lo sentimental.

VIOLENCIA DE GÉNERO Y ADOLESCENCIA

En esta etapa de la vida se comienzan a explorar facetas emocionales que hasta el momento no habían tenido relevancia. Sin embargo, la influencia cultural ya nos ha impregnado lo suficiente para considerar cómo debe ser una relación de pareja.

El primer amor, experimentar que somos importantes para alguien de una forma especial, hace que nos haga sentir bien, diferentes al resto en cuanto a la persona amada. Esto al mismo tiempo nos genera inseguridad, miedo a perder estas emociones y rabia cuando las cosas no son como a nos gustaría que fuesen. Por ello, intentamos perpetuar esa unión en un intento por librarnos de todas esas sensaciones desagradables.

Se siguen cánones románticos como cando encontramos candados que simbolizan un "juntos para siempre". Simbólico pero irreal ya que no perpetúan la continuidad de la felicidad, solo la del vínculo, que se trata de hacerlo irrompible.

La realidad poco tiene que ver con lo deseado. Nos hablan de la felicidad de estar enamorado, de que tenemos una media naranja que encontrar, obviando que nosotros somos ya un ser completo y que las emociones no son estables en el tiempo: aumentan, disminuyen, cambian y se transforman.

Tratamos de controlar lo físico en busca del control de las emociones de la otra persona. Queremos que nos quieran para siempre y en lugar de cuidar el vínculo nos basamos en nuestro miedo a perder a nuestra pareja controlando sus movimientos, su libertad, su forma de vestir, sus conexiones al whatsapp y sus amistades.

Es posible que de este modo le mantengamos a nuestro lado pero no con nosotros. Al menos sus emociones oscilaran y en lugar de unirnos más crearán un muro entre la pareja y entre nuestra pareja y su entorno. Actuando así aislamos a nuestra pareja en una jaula transparente con barrotes de miedo e infelicidad.

Lo más paradójico es que nos preguntamos si en relaciones con violencia hay amor y sí que lo hay. De hecho lo más triste y lo más preocupante es que el amor es el motor de la violencia para quien la ejerce. En base a él se permiten mostrar celos, rabia, inseguridades o condicionan la vida de la otra persona. Todo ello tratando de eliminar ese malestar que les genera el miedo a perder a su pareja. Para ello usan diferentes estrategias, como puede ser el chantaje emocional, insultos, ignorar, dar celos con otras personas, ect.

La rabia que se experimenta ante ciertos comportamientos que se salen de sus parámetros rígidos de cómo debe ser la relación y la actitud de su pareja los explican y justifican abanderándolos con el amor, concepto tan arraigado que no está solo en la concepción de quien ejerce la violencia sino de quien la sufre, ya que el machismo instaurado hace que repitamos patrones sin cuestionarlos independientemente de nuestro sexo.

Romper nuestra jaula transparente no es solo cuestión de quien está dentro. Todos contribuimos validando conductas machistas, ya sea aprobándolas o guardando silencio. Por ello debemos cambiar desde la raíz. Debemos dejar de actuar en base a nuestro malestar y empezar a hacerlo en base a lo que queremos en el futuro.

Dejemos que las personas que estén con nosotros lo hagan porque les compensa cada día, no porque embriagadas en el amor cerraron un contrato en el pasado que pese a no compensar actualmente se mantiene por el miedo.

LUCERO

Un día lluvioso, otro día desapacible de esos que a nadie le gustan.
Al menos a mi madre siempre le ponían tristes. No comprendía que era una
gran oportunidad para explorar charcos. Los mayores nunca aprenden.

Y entonces… sucedió. Recordé esa sensación asomado a la escena,
observe como Mario trataba de salvar su carro y allí también estaba Lucero.

Mi mente me llevo meses atrás, cuando mi padre cogió su pala y
acudió a la llamada de Lucero. Había caído en el pozo que solo podía traer
desgracias.

-No puedo salvar a Lucero, es mayor y no ayuda mucho en la

faena. Creo que será mejor tapar el hoyo y evitar males mayores -dijo Mario.

Todos parecían de acuerdo. En silencio observé como colaboraban en la espantosa tarea de lanzar arena encima de Lucero. Una palada tras otra, una tras otra; al compás de la tristeza sobre mis mejillas. Y ocurrió: Lucero uso cada palada para lanzarla del lomo al suelo y mientras los mayores seguían absortos en la labor de taparlo, el decidió vivir. Mario eligió soltar el carro y salvar a Lucero. Parece que los mayores también aprenden...

PERSPECTIVA DEL AGRESOR EN VIOLENCIA DE GÉNERO

La violencia de género supone un **problema anclado en nuestra sociedad**, principalmente por los principios machistas instaurados y la repetición de patrones sin cuestionar si eso nos acerca o nos aleja de crear una sociedad mejor. Pero, ¿qué es lo que lleva a un hombre a ejercer violencia sobre su pareja? ¿Puede convivir el amor con la violencia?

La influencia cultural nos afecta a todos. Nos genera ideas en cuanto a un amor romántico basado en la posesión, en la búsqueda de la media naranja, dejando al margen que nuestra identidad nada tiene que ver con la existencia o no de una persona que comparta nuestra vida.

Asumimos ciertas reglas de una forma inflexible, limitamos nuestro **patrón de respuesta** ante el malestar que nos genera percibir que nuestra relación de pareja no siempre se adecúa a lo que yo en ese momento deseo.

Esto, de una forma inevitable, hace que en la mente de algunos hombres aparezcan pensamientos como "no me respeta", "me hace daño", "no se está comportando como una señora" o cualquier otra idea relacionada que desemboca que estas se enlacen en una **espiral asociada a la ira**, la rabia o la sensación de sentir que están siendo humillados.

La clave de la violencia parte de la intolerancia a sentir malestar sin reaccionar. Nada tiene que ver con la persona que se tiene como pareja, ya que sus **principios machistas**, su idea de control y su percepción inflexible lo acompañan independientemente de la persona que en ese momento esté a su lado.

Esta es la raíz del problema y ahí debemos incidir los profesionales, ya que abordar la violencia únicamente ayudando a las mujeres una vez se atreven a denunciar la situación no supone una **protección real**. Simplemente son medidas a posteriori que no aseguran que el agresor no vuelva a repetir esos patrones violentos con esta pareja o con parejas futuras.

Una duda que nos cuestionamos los privilegiados que no hemos estado inmersos en una relación de este tipo es si puede existir amor en una relación de este tipo. Aunque resulte complicado de entender, esta es la base principal del agresor para utilizar esas estrategias: pretende retener a la persona a la que quiere a su lado y para ello es capaz de emplear todas las "armas" que conoce como eficaces. Del mismo modo que su malestar es tan intenso debido a lo importante que para ellos es esa persona.

Reaccionan en base a ese malestar con el objetivo de conseguir sentir que liberan su rabia y logran que su pareja actúe en base a lo que sus **patrones mentales rígidos** dictan. Sin embargo, lejos de acercarse a la vida que les gustaría tener, su relación de pareja cada vez es peor, su intolerancia aumenta y su malestar con él.

Es interesante después de esta reflexión asumir que **todos tenemos algo que hacer.** Podemos cambiar las bases sociales machistas dejando de actuar en base a ellas, inculcar a los agresores cambios comportamentales en la dirección de lo que para ellos es importante, haciéndoles experimentar que sus estrategias evitativas los alejan de lo que quieren y son inefectivas a la hora de terminar con su rabia.

Nosotros como sociedad tenemos la responsabilidad de crear una generación basada en principios de igualdad mediante la educación y nuestro ejemplo.

Las personas que ya estén educadas dentro del machismo tienen la **opción de desaprender** y cambiar. Nadie "es así". El ser humano se caracteriza por su capacidad de cambiar y evolucionar.

TWEETS PARA REFLEXIONAR

#EducarEnIgualdad, clave para una sociedad mejor, que ni el sexo, la raza o la orientación sexual condicione sus oportunidades

Las circunstancias solo nos condicionan, las decisiones determinan. Elige tu destino.

El mejor homenaje a #NelsonMandela es convertir sus ideas en la norma y no en la excepción.

Si quieres cambiar tus #emociones actúa de una forma coherente con lo que te gustaría sentir, no con lo que estas sintiendo #psicologia

Tus actos son tus decisiones, valora a que te acercas y de que te alejas con ellos, si vas en la dirección equivocada ¡cambia!

Da igual a lo que te dediques, la clave está en crecer cada día para ser la mejor versión de ti mismo, ¡potencia tus cualidades!

Nunca bases una decisión importante en una emoción transitoria.

Enorgullécete del proceso, nunca del resultado, solo TUS pasos crean TU camino.

La #violenciadegénero no es un problema de #mujeres es un problema de la sociedad cimentado en una cultura machista #construyamosrespeto

No busques #reconocimiento, si llega disfrútalo como un regalo, que tus pasos tengan como objetivo seguir creando caminos.

La #dignidad implica el derecho a ser respetados, cualidad imperturbable por el simple hecho de #ser incluso cuando se vulnera.

La cultura es un patrimonio que muestra nuestro pasado, nunca debe perpetuar un futuro lleno de errores basado en el "siempre fue así"

TUS razones, nunca son SUS razones, si quieres empatizar con otra persona hazlo desde sus principios y deja al margen los tuyos #empatía

"Detrás de la sensación de malestar del paciente encontramos la clave de qué es lo que para cada uno es importante"

Que tus actos sean coherentes con lo que quieres en la vida, no con lo que temes. #inteligenciaemocional

Vive valorando cada día como si fuese el último e invierte en cada momento como lo que es, el comienzo de todo lo que te queda por vivir.

El entrenamiento en #Mindfulness te permite adoptar una actitud de testigo ante tus emociones, evitando reacciones impulsivas.

Son las AHORA en punto. ¡Experimenta el presente! ¡Utiliza tus sentidos! #mindfulness

Aprende de lo vivido, entusiásmate con lo que queda por vivir y VIVE ¡AHORA! #Mindfulness

¿No sabes cómo actuar? Plantéate que haría alguien a quien admiras en esa situación y hazlo. #inteligenciaemocional

Deja que las emociones vayan contigo donde merezca la pena estar, que no decida la tristeza, la pereza o cualquier otra barrera emocional.

Debemos trabajar la #autoestima desde la neutralidad de valer por uno mismo, exento de comparaciones con éxitos, cualidades o fracasos ajenos

La #inteligencia no debe ser entendida como la acumulación de conceptos, sino como la capacidad de crear ideas nuevas y relacionar conceptos

Si pretendes empatizar con alguien céntrate solo en lo que siente, no juzgues los motivos que le han llevado hacia esa emoción.

Que tus actos respondan a un para que ... y no a un por qué

..., actúa para lograr algo, no como reacción a un pasado que ya no tiene solución.

Si quieres ganar la batalla a la tristeza, no permitas que ella decida por ti que hacer en cada momento.

Una de las claves del #éxito es tener presente que puedes fracasar.

Sí permites que tú actitud dependa del comportamiento de otros, puedes acabar siendo un reflejo de lo que rechazas.

¿Quién es el actor principal de tú vida?

Solo puede ser valiente aquel que siente miedo.

El tiempo nunca espera por ti, la vida avanza continuamente y tus pasos con ella, así que... Camina.

¿Tus decisiones se basan en principios o en prejuicios? Antes de decir que no a algo, valora si ese no lo decides tu o tu cultura.

Sí te preocupa el futuro ocúpate del presente

El mapa (nuestra percepción) no es el territorio (realidad objetiva). #coaching

Cambiar de opinión no resulta incoherente. Implica que

sabes desprender, cuestionar lo inculcado y
EVOLUCIONAR.

Transmitir la información mediante múltiples ejemplos promueve la generalización y comprensión, enseña a dudar no a repetir patrones.

Sí logras el éxito, no olvides el camino, tu perseverancia y la confianza de los que caminaron contigo sin saber que el aplauso llegaría.

Valora lo erróneo de tus actos en la medida que te alejan de la vida que te merece la pena.

La duda y la confusión son la antesala del cambio, mantenerse rígido ante una actitud errónea limita el crecimiento personal.

Lo efectivo en la vida es sembrar con sabiduría y recoger con paciencia.

El destino es ese lugar al que te llevan tus pasos...

Construye a partir de este momento, no podemos cambiar el pasado, solo actuar en el presente esta bajo nuestro control.

La verdadera ayuda que podemos prestar a los demás es contribuir a su autonomía.

Sí quieres cambios prueba con otra llave, la que pilla a mano abre una puerta que ya conoces y al otro lado solo encontrarás lo de siempre.

Siempre existen varias alternativas, elige antes de actuar y flexibiliza tu patrón de respuestas.

Hoy cómo cada día tienes la oportunidad de retomar la dirección hacia la vida que quieres tener. #decide

Solo es posible modificar el presente, focaliza la atención aquí y ahora, ahí está el control del cambio, acepta el momento. #mindfulness

Nunca encontraras rosas sin espinas, si no estás dispuesto a pincharte no toques las flores y condénate a vivir sin ellas. #decide

Date a ti mismo la oportunidad de fracasar, asume que puede salir mal y da pasos para que salga bien. #decide

Procura cavar el pozo, antes de tener sed.

Para ser eficientes primero debemos conformarnos con buscar la eficacia, y aceptar nuestros errores.

Focaliza la atención en las sensaciones agradables de cada instante y convierte el presente en un momento #mindfulness placentero

Ante la adversidad, decide si cambias tu entorno con tu forma de reaccionar o permites que las circunstancias te cambien a ti. ~~#elige~~

Es más útil descubrir que mantiene tu tristeza, que el origen.

No es necesario cambiar ningún pensamiento para cambiar
tú destino, lo necesario es cambiar de estrategia sí la que
utilizas no funciona.

Nada funciona mal dentro de ti, solo hay cosas fuera que te
importan.

Si no te gusta la actitud del otro, no respondas de la misma
forma, puedes acabar pareciéndote a lo que rechazas.

Se crítico no solo con lo nuevo que te aportan, sino también
con lo que ya has asumido como cierto ~~#crecimientopersonal~~

Responsabilízate de tus actos, estos serán respetables o
despreciables en sí mismos, independientemente de sus
consecuencias.

Estar demasiado tiempo enganchado a tu susceptibilidad
puede hacer que deje de ser un estado para convertirse en una
forma de ser ~~#elige~~

Malestar a cambio de una vida que te merezca la pena, evitar
te aleja del camino

Todos nuestros actos cumplen una función, reflexiona si
estos te acercan o no a lo que valoras y decide en lugar de
reaccionar.

El presente es el único momento en el que podemos actuar para influir en nuestro futuro #mindfulness ¿que decides hacer aquí y ahora?

Observa lo que viene a tu mente en este momento sin juzgar, esto te permite distanciarte para elegir en lugar de reaccionar #mindfulness

Focalizar tu atención solamente en el pasado o en el futuro no es eficaz, busca el equilibrio en el presente #mindfulness

Lo útil esta en centrarse en lo que es, y no en el porqué es. #ACT

Los pensamientos pueden generarnos nerviosismo o ansiedad, como si lanzásemos piedras a una piscina, #mindfulness nos devuelve la quietud.

Observa a los oyentes de tus clases, te dan la clave sobre el interés de tu discurso, 1º capta su atención, después transmite información.

Es lógico generar expectativas, pero tratar de encajar el presente en patrones rígidos previos trae inevitablemente la decepción #mindfulness

¿La clave está en dejar de tener razón o en dejar de adoptar esa actitud? Elige lo que funciona #ACT

Nos sentimos cómodos creyendo que tenemos razón y

tomamos una actitud inflexible, así construimos un muro

entre nosotros y lo que nos importa

¡¡Son las AHORA en punto!! Focaliza tu atención en el
momento presente. #mindfulness

#mindfulness permite vivir sin dejar que lo que sucedió ayer

o la incertidumbre de lo que ocurrirá mañana interfiera en el
presente.

El apoyo a las víctimas de violencia de género es
imprescindible, solo eso insuficiente, prevenir, educar y
trabajar con el agresor #NECESARIO

Cada vez que percibas que tu mente se aleja del presente
mientras conduces, utiliza tus sentidos para volver.
#mindfulness#atenciónplena

Vive cada día como si fuese el último de tu vida y a la vez el
primero de la vida que deseas tener en el futuro.

Si esperas resultados distintos, prueba a actuar de forma
diferente. #crecimientopersonal

Para dejar de fumar no basta con intentarlo, decide no fumar
ese cigarro cada vez que notes las ganas de encenderlo
#mindfulness

Tu mente es capaz de traer miedos, ira, ansiedad, alegría,
malestar... al presente, pero tu comportamiento siempre lo

eliges tu. ¡Decide!

¡Tu decides que hacer ante las circunstancias!

Utiliza tus 5 sentidos juntos y estarás plenamente conectado al presente #mindfulness

Las emociones son eventos privados efímeros, busca la estabilidad basando tu conducta en lo que realmente te importa a largo plazo. #ACT

Divide tu presente en micromomentos de conciencia plena #mindfulness

La asertividad llega al descubrir de forma humilde y sincera que YO y MIS derechos solo valen lo mismo que los TUYOS

El maestro solo es un alumno que empezó antes.

Solo hay dos días en los que no se puede hacer nada, ayer y mañana, piensa en lo que puedes hacer ahora para acercarte a lo que deseas.

Si buscas resultados distintos, no hagas siempre lo mismo.

Ante los problemas ¿te preocupas o te ocupas?

Dejar de vivir, por miedo a sufrir nunca merece la pena.

SOBRE EL AUTOR

Lorena Mª Sahagún Flores nació en Medina de Rioseco, Valladolid, en 1984. Se licenció en Psicologia en la Universidad Pontificia de Salamanca. Actualmente desempeña su trabajo centrada en la aplicación de terapias contextuales-funcionales a nivel clínico, como formador y personal investigador. Trabaja con Terapia de Aceptación y compromiso (ACT) y entrenamiento en Mindfulness.

A lo largo de su trayectoria ha participado en varios proyectos de investigación con enfermedad mental crónica y atención primaria. Tras realizar el curso de Experto en Violencia de Género en la Universidad de Salamanca, llevó a cabo un Estudio piloto con hombres condenados por violencia de género. Aplicó de forma pionera un protocolo de ACT y Mindfulness, siendo posteriormente reconocida su labor por la erradicación de la violencia de género con la candidatura a dos premios a nivel nacional y una mención especial. La publicación de esta investigación está disponible en *The* International Journal of Psychology and Psychological Therapy.

www.ingramcontent.com/pod-product-compliance
Lightning Source LLC
Chambersburg PA
CBHW050505290526
45786CB00006B/2448